E v a / S i ó n / E s
Español

E v a / S i o n / s
English

É v a / S i o n / s
Français

Eva/Sión/Es

Chiqui Vicioso

House of Nehesi Publishers   St Martin, Caribbean

HOUSE OF NEHESI PUBLISHERS
P.O. Box 460
Philipsburg, St. Martin
Caribbean

WWW.HOUSEOFNEHESIPUBLISH.COM

HOUSE OF NEHESI EDITORES
Apartado 460
Philipsburg, San Martín
El Caribe

Portada e ilustraciones de Gina Rombley
Cover, graphics design, illustrations by Gina Rombley
Couverture, Gina Rombley
Acuarela: *Reflections on Dawn Beach* de Romare Bearden,
© Romare Bearden Foundation/Licenciado por VAGA, New York, NY
Cover art: *Reflections on Dawn Beach*, watercolor by Romare Bearden,
© Romare Bearden Foundation/Licensed by VAGA, New York, NY.
Fotografía/Photography/Photographie: Miguel Gomez

A Maria Luisa Vicioso, Poeta
Sergio Pascual
Daisy Cocco
Julia Alvarez
Camille Aubaude
y Fidelio Despradel, desde luego

CONTENTS

La Poesia de Chiqui Vicioso: Una breve presentación

En 1980 Sherezada Vicioso (Chiqui) regresó a la República Dominicana, después de haber vivido 16 años en la ciudad de Nueva York, donde encontró la fortaleza y el apoyo necesarios para publicar su primer libro: *Viaje desde el agua*, publicado en 1981, el cual la estableció como una de las voces que había que escuchar en la República Dominicana. Este primer libro compila poemas escritos mientras vivía en los Estados Unidos y durante sus viajes al Africa, Haití, Cuba y Portugal. Vicioso, como dijo Jane Robinet, en su artículo, aun por publicar: "Desde la perspectiva de una mujer: La poesía de Sherezada (Chiqui Vicioso)," es una poeta que observa y hace constar. De su necesidad de hacer constar la realidad que la rodea, surge su primer poemario: *Viaje desde el agua*, donde los lectores encuentran un mundo sin fronteras artificiales. Para Vicioso, el mundo es, de hecho, muy pequeño, tan pequeño que la supervivencia cotidiana en Nueva York va de la mano con las luchas del pueblo africano, o de esa dislocada juventud dominicana en búsqueda de orientación. Ese viaje conduce a Vicioso a un puerto seguro, ese del bienestar que se encuentra en la solidaridad con otros seres humanos. En su poesía temprana su satisfacción deriva precisamente del hecho de observar y dar voz a los que no tienen una voz, de crear un hogar para los desheredados de la justicia.

Otra característica de la poesía temprana de Chiqui Vicioso es su honestidad para enfrentar las situaciones. De hecho, una de sus contribuciones más notables es el reconocimiento de la importancia del elemento africano en la cultura dominicana:

> Isla de nuestro mar
> Equivocada en este continente
> Ciudad
> Pasado/ ... /reencuentro
>   Bissau/árbol/Caribe
>
> *(Viaje desde el agua)*

La presencia africana en la cultura dominicana y en la búsqueda de una identidad y su comprensión es una constante en su voz poética.

A través del reconocimiento de las raíces africanas en la sociedad dominicana en su poema "Haití", la poeta rechaza los prejuicios de esos dominicanos que desprecian a sus hermanos/as haitianos. El poema celebra la unidad de las dos naciones que son algo más que un accidente geográfico:

> Haití, caminante que afanosa me sonríes
> interrumpiendo siestas de veredas
> suavizando piedras
> asfaltando polvo
> con tus pies sudorosos y descalzos
> Haití que tejes el arte de mil formas
> y que pintas las estrellas con
> tus manos
> por ti entendí que el amor y el odio
> como tú se llaman.
>
> *(Viaje desde el agua)*

Fuera de la isla, los problemas raciales tienen consecuencias terribles como la trágica e innecesaria muerte de jóvenes hispanos en la ciudad de Nueva York:

> 19 líneas en el *New York Times*
> 19 y 17 años/19 y 17 niños/19 y 17 "hombres"
> porque fueron muertos en un barrio del South Bronx
> nunca había sido tan barata la tristeza.
>
> *(Viaje desde el agua)*

En *Un extraño ulular traía el viento* (1985), su segundo poemario, Vicioso ancla su voz poética en la misma búsqueda de comprensión e identidad. El poema comienza:

> Antes, la identidad era palmeras
> mar, arquitectura
> desempolvaba la nostalgia otros detalles

volvía la niña a preguntarle a la maestra
y un extraño ulular traía el viento.

(En Hijas de la Diáspora, 1988)

¿Qué existía antes de las glorias del pasado? ¿Cuál era la esencia de nuestra cultura en los inicios de nuestra gente? Estas preguntas están en el centro de la búsqueda de comprensión de nuestros orígenes y subrayan mucho de la afirmación de una cultura no europea en el corazón de la historia y geografía dominicana. La pregunta es: ¿Por qué no nos enseñan sobre esos que vinieron antes de nosotros? El poema continúa la búsqueda de significado a través de los números de la cábala y de la secreta naturaleza de la vida espiritual que aparentemente ha sido aplastada por los convencionalismos:

> Era el imperio inmutable del cuatro…
> con sus serpientes y manzanas
> pero irrumpió con la brusquedad de los tambores
> con la remota sensorialidad de lo cercano
> la insomne aparición de la extrañeza
> se revelaron los números y el siete
> como tenazas golpeando contra el cuatro
> como un hacha azul abriendo trechos
> en la azul selva…
> donde esperaban juntas Ochún y Yemayá
> y la pregunta…

(Hijas de la Diáspora)

El poema es un extenso rastreo de significado en el viaje del lenguaje, la reflexión, la religión. Habla del deseo de ver más allá, de explorar y escuchar al "viento", la naturaleza, la voz ancestral enterrada detrás de las ruinas de los restos de la grandeza europea, que existen en la isla. Empero, el poema es en sí mismo un cuestionamiento y una respuesta, donde la voz poética deja entrever que ha escuchado el ulular del viento y le ha obedecido. Es por eso que en la octava estrofa la respuesta se encuentra y difunde mediante las mujeres y la gente del pueblo. Así, la poeta canta:

> Espejo, la isla proyectó al cosmos su esfera
> y la sombra, en reflejo,
> como un taladro gigantesco redondeo los bordes
> se volvió la isla una pelota
> en manos de un gran círculo de maestras,
> carpinteros, campesinos, estibadores, poetas,
> médicos, choferes, mudos, reinas de belleza
> tráficos, policías, trabajadores, prostitutas
> una pelota en las manos de una gran ronda de escolares
> esto somos! esto eres!
> una rueda
> aplastando
> sin violencia –
> el ¿esto es?

"¿Esto es?" En el corazón y trabajo de Chiqui Vicioso están
la búsqueda y creación de una plataforma y comunidad comunes.
Durante las últimas dos décadas Vicioso se ha involucrado en
un gran activismo cultural y en su escritura. La poesía que ha
escrito durante este período ha tenido mucho en común, aunque
tenga un sello diferente, con los temas de toda una generación
de mujeres escritoras, entre ellos la conciencia de género y una
comprensión del papel de la mujer en una sociedad alienante. La
recuperación del pasado, la renovación y revisión de la imagen de
la mujer en la literatura dominicana en términos de clase y raza,
los asentamientos urbanos, la deshumanización experimentada
y la conciencia de clase y raza como resultado de la diáspora y
su impacto en la búsqueda de identidad a nivel, tanto individual
como colectivo. La experimentación lingüística y el cambio de los
códigos, son puntales de la poesía de Vicioso.

En *Wish-ky Sour* encontramos una investigación formal y una
experimentación lingüística. En esta colección de poemas, de
naturaleza dramática, como lo evidencia la integración de este
poemario a una obra de teatro que ganó el premio nacional de

teatro (primero que recibe una mujer en la historia de la literatura dominicana), Vicioso refleja la vida de las mujeres de la clase alta que están entrando en la tercera edad, quienes comienzan a perder su encanto a los ojos de sus esposos y hombres de la sociedad en general. En este poemario Vicioso continúa la experimentación formal que iniciara con su primer libro de poemas *Viaje desde el agua*, y subsiguientemente con trabajos como *Un extraño ulular traía el viento*, e *InternAmiento* (1991). Con una gran irreverencia e iconoclasticismo que la conduce a experimentar con la estructura semántica de las palabras, Vicioso introduce el juego en sus dos idiomas (el inglés y el español) y evidencia el dilema de esas "damas" en el poema "Exit":

> Cuando todos te res-
> > > petan
> y es la apariencia
> tu mejor carta
> de presentación
> Doña y señora
> Dueña y propietaria
> de un condóm
> > > inio

Con el juego de palabras entre los dos idiomas, Vicioso sintetiza la preocupación con el grado de alcoholismo y la falta de significado en la vida de este sector de las mujeres dominicanas, que puede muy bien representar a las mujeres de mediana edad de esa clase social en cualquier lugar del mundo. Vicioso construye el poema "Ombligo difuso" con un juego de palabras que definen bebidas amargas, las mismas bebidas amargas que las mujeres consumen para darle significado existencial a sus vidas en un Bar:

> Embotellado Edén/de melocotones y naranjas
> y ron/para ahogar/sex.

Retrato de la banalidad en una existencia que se funda en las convenciones de una sociedad obsoleta, *Wish-ky Sour* es una invitación a romper con los esquemas mentales y sociales que solo sirven para menospreciar a las mujeres una vez han sobrepasado cierta edad. Esa colección de poemas, así como mucho del trabajo de Chiqui de las últimas décadas, se ha convertido también en un cuento y en una premiada obra de teatro.

Es este el caso de "Desvelo", un poema incluido en el poemario *InternAmientos*, que transcribe una conversación inventada entre dos poetas del siglo diecinueve: la dominicana Salomé Ureña y su contraparte norteamericana Emily Dickinson. Además de esta obra, en su ensayo *Salomé Ureña: A cien años de un magisterio*, Vicioso da a conocer sus esfuerzos por redescubrir y rescatar la poesía de Salomé Ureña, lo que hace además en la obra de teatro *Y no todo era amor*, representada con el título *Salomé U: Cartas a una ausencia*. En su ensayo, así como en sus poemas y obras de teatro, Chiqui Vicioso estudia los poemas menos conocidos de Salomé Ureña; esos poemas catalogados de intimistas, o de demasiado femeninos para tener ningún valor. Como ha sido señalado, a pesar de estas apreciaciones, se ha demostrado en un sinnúmero de estudios que el valor de esos poemas está en la otra historia que cuentan: la de las luchas y pérdidas en la vida de una mujer poeta que es también una educadora, madre y esposa. La Salomé privada se da a conocer al gran público a través de la lectura y reinterpretación de su poesía que hace Vicioso, así como de su propia recreación de la voz de esta mujer. La obra es una demostración de inter-textualidad, donde Vicioso entreteje la vida de Salomé con su propia interpretación contemporánea de una mujer cuya vida ella revela y que finalmente paga su auto-descubrimieto con su propia vida.

Eva/Sión/Es, la última creación de Chiqui Vicioso es la evolución natural de su acercamiento a la cultura que la rodea, al Caribe plural y lingüísticamente híbrido al que pertenece. En el corazón del poemario subyace el misterio que existe en la vida cotidiana de estas islas, al cual nos introduce con una cita de esa gran alma, la de nuestro cubano y universal poeta Lezama Lima:

Todo tendrá que ser reconstruido, intencionado de

nuevo, y los viejos mitos, al reaparecer nos ofrecerán sus conjuros y sus enigmas, con un rostro desconocido.

El poema se ofrece entonces como uno de los múltiples actos de reconstrucción que nos permite ver con ojos diferentes todo lo que es viejo, y nuestro. De hecho, la cita anuncia la magia y enigma que nos enfrentará en forma de un largo poema, diseñado para devolvernos como nueva lo que es nuestra casa ancestral. La alquimia y cábala juegan un importante papel en esta creación poética donde un Caribe híbrido se representa mediante las múltiples religiones y sistemas de creencia que coexisten en medio de su crecimiento y comprensión espiritual. No es de sorprender entonces que encontremos al África, Asia, leyendas y cuentos europeos en el mismo poema. "Auroboros, Albión, Anavatapta y Pong-lai" son lugares y criaturas que emergen y se mezclan para crear un híbrido caleidoscopio, arrullo que tiene como objetivo enseñarnos que lo que es ancestral está al mismo tiempo presente.

V

Ouessant/Surija/Tula
altares cincelados por las olas/…
para extraviados navíos del alma/Pointe-à-Pitre/…
de lo inalcanzable

Esta geografía inconcebible, es la geografía del alma en búsqueda de respuestas y de una reconciliación de los despojos de su fragmentación:

XVI

Mi ánfora quebrada
por la líquida serpiente que anilla
sumergiéndome sin anclarme
en los pantanos de su lodo/Siloé de este otro peregrinaje.

Y aunque este viaje, es por demás doloroso, puede conducir a múltiples destrezas y a sobrevivir:

XIX

Desplazada de mi tribu
encadenada bestia/al violento temor/de los vencedores
decidí desatar mis velas/y construirme un mar
a la medida.

La voz poética de Vicioso se posesiona del mar como fuente de
toda vida y de toda muerte y como símbolo de la vida infinita y sus
posibilidades. Voz alerta que entiende los peligros y las debilidades
que se encuentran en "el violento temor de los vencedores", aunque
todo esté perdido, la complejidad de la vida continúa asaltando a
la poeta:

XXIV

Toda dolor/toda islas/patria de un interior
donde el único dintel/es lo azul de mis nostalgias
la ingrávida/esterilidad de la memoria.

¿Hasta qué punto podemos confiar en nosotras mismas, en nuestras
fortalezas y debilidades? ¿No estamos, como parece implicar el
poema, sujetas a la recreación de nuestras propias historias? ¿Es
este mar que creo para mí misma una fuente de libertad o solo un
mecanismo de escape? ¿Es ese azul de mis nostalgias un paliativo,
o una reafirmación de mis creencias? El poema se cuestiona a sí
mismo y no hay puertos seguros, solo momentos de reflexión y
conciencia.

XXVII

Sherezada
sobrevivo las mil y una noches
del insomnio
Oyá del ulular del viento
de Ochún
Yemayá
hija y ahijada

La voz poética se ha identificado a sí misma como Sherezada, ella la de las mil y una noches de la sobrevivencia y el insomnio. Sherezada es el nombre de Vicioso, y como ella se lo recuerda a sí misma su feminidad y sobrevivencia depende de su capacidad de contar cuentos, de contar historias que sinteticen y provoquen nuevas preguntas ... vivir otro día y otra noche y continuar contando. ... Es el ulular del viento que nos regresa a sus primeros poemas y a ver a esa niña que cuestionando a la maestra se ha convertido en una narradora y poeta que comprende que hay pocas respuestas; que las respuestas se encuentran en las preguntas y que las preguntas y cuentos están ligados ad infinitum a una lucha valiente, tan salvaje y sin domesticar como azul es el oceáno que ella conjura en sus versos.

XXVIII

Eva mulata/de la violenta salvaguarda de mis ancestros
sólo heredo el silencio/de las víctimas
el olor a café del alba/y la negra mancha del andullo
escupido una y otra vez/como mi suerte.

Heredera del silencio que nace de ser hija de ambos, el violador y la víctima, experimenta la vergüenza y el miedo:

XXXIII

Tengo el útero por frontera/del Africa/Asia/Europa
el ritmo interno de gaitas/cítaras/tambores
de lo que he sido/y renacido/resonancias.

Visceral, primario y perturbador, su cuerpo sirve como lugar donde se conjuga su felicidad. Ella puede crear música y armonía en su propio cuerpo como resultado de los silencios sin palabras que vive encontrando. Porque al final, la reconciliación se puede lograr a través del poema y de sí misma:

XXXIX

Ignorante de decretos/analfabeta/la vida se abre paso

entre dispersos pilotes fronterizos/muralla de papel
en los desiertos.

La pared de papel de los desiertos crea la oportunidad de ser rota
o convertida en algo mucho más trascendental y verdadero: el
poema:

XLII

Trompetas de Jericó:
De la risa de la mujer y la niña
surge de los escombros del llanto
una Quisqueya de azúcar
un Ayití de pájaros y soles.

Reconciliadas, por fin, a través de este breve momento de escritura y la eternidad de la palabra escrita: una Quisqueya y un Ayití, el azúcar, los pájaros y el sol salen de nuevo unificados, como resultado del ulular, del llanto que ha sido superado por el poema. Sherezada, ella, la de las mil y una noches y la de las mil y una formas, ha recreado la vida en el esplendor y desesperación de las islas, revividas y cantadas por una Sherezada mulata de los Trópicos, resurgiendo del borde del mar su memoria, para celebrar nuestra desnuda hibridez y nuestros legados ancestrales y siempre presentes.

Daisy Cocco De Filippis, PhD
Provost, Hostos Community College
Autora, *Desde la diáspora*
New York

Obras de Sherezada Vicioso (Chiqui)

Salomé U: Cartas a una ausencia (Y no todo era amor). Santo Domingo: Trinitaria, 2002.

Wish-Ky Sour. Santo Domingo: Secretaría de Estado de Educación, 1997.

Salome Henríquez de Ureña (1859-1897: a cien años de un magisterio. Santo Domingo: Comisión Permanente de la Feria Nacional del Libro, 1997.

InternAmiento. Santo Domingo: Búho, 1992.

Algo que decir (Ensayos sobre la literatura femenina, 1981-1991). Santo Domingo: Editora Búho, 1991.

Julia de Burgos, la nuestra. Santo Domingo: Alfa y Omega, 1987.

Un extraño ulular traía el viento. Santo Domingo: Alfa y Omega, 1985.

Bolver a vivir, imágenes de Nicaragua. Santo Domingo: Editora Búho, 1985.

Viaje desde el agua. Santo Domingo: Visuarte, 1981.

Selección de obras consultadas

Cocco De Filippis, Daisy. *Sin otro profeta que su canto*. Santo Domingo: Taller, 1988.

_____ and Robinett, E.J. *Poems of Exile and Other Concerns*. New York: Alcance, 1988.

_____ and Rivera-Valdés, Sonia. *Conversación entre escritoras del Caribe hispano*. New York: Center for Puerto Rican Studies, 2000.

_____, ed. *La literatura dominicana a finales del siglo xx: conversación entre la madre patria y la diáspora*. New York: Dominican Studies Institute, 2000.

_____. *Desde la diáspora/A Diaspora Position*. Santo Domingo: Búho, 2003.

Mateo, Andrés L. *Al filo de la dominicanidad*. Santo Domingo: Editora de Colores, 1997.

Moya Pons, Frank. *Bibliografía de la literatura dominicana, 2 volumes*. Santo Domingo: Publicación de la Feria Nacional del Libro, 1997.

Todo tendrá que ser reconstruido, intencionado de nuevo, y los viejos mitos al reaparecer, nos ofrecerán sus conjuros y sus enigmas, con un rostro desconocido.

- José Lezama Lima, *Mitos y cansancio clásico*

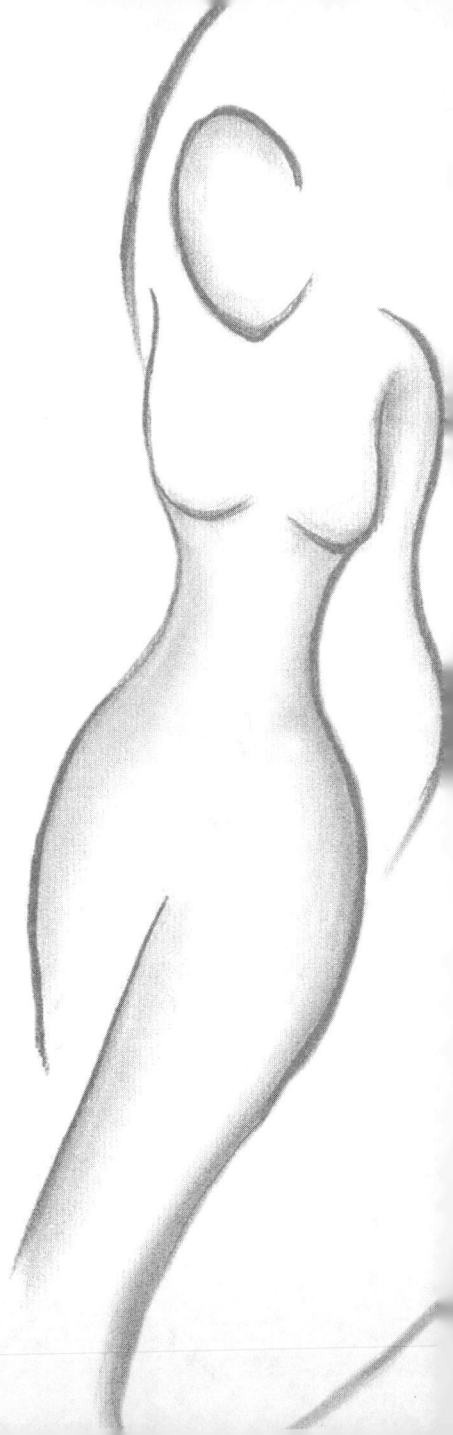

Eva/Sión/Es

I

Nadaban los peces
fuera del agua
y era común
coincidir con los pájaros
en las raíces de los árboles.

II

Libre
el mar ascendía por llanuras violeta
no había sol
pero la luz imperaba
en aquel Paraíso
bajo el verde absolutismo
de un manzano.

III

Ruah, K'i, aliento divino
Kalpa y Purlaya
los nueve soplos del principio
arcoiris del Hamsa
alianza entre Dios y su creación
de donde Eva es originaria.

IV

Por hálito divino
Golem encarnado
de esta tierra sílicea
uno de dos rostros desprendido
dos de cuatro piernas desatadas
clamando por su propio pecho
por su propia esencia
al inicio de su travesía.

V

Ouessant
Surija
Tula
altares cincelados por las olas
islas
para extraviados navíos del alma
Pointe-à-Pitre
Finis terra
de lo inalcanzable
donde me reencuentro
en la penetrante fuerza de la espuma
con mis hermanas de culto
las Apsaras.

VI

Anavatapta
lago
más allá de mis oleajes
Pong-lai, ínsula
donde reposo
la mordida del hambre original
mortal curiosidad de mis ansias.

VII

Carta de ruta
blanca estela
guía al blanco templo
de mis doce cámaras
Albión
Auroboros
océano de nueve espirales
istmo verde
en la desembocadura del Ozama.

VIII

Roca para desventuradas Psykhes
donde fecunda se enseñorea la ignorancia
Soualiga, tierra de sales
fertilizada por el vuelo de murciélagos
prohibiendo la visión de las penumbras.

IX

Relámpago dentado
olas
tempestad
marea
furia del rocío
Damballah Weddó, piedra de rayo
serpiente de colores que se alimenta de los mares.

X

Añoranza del Eliseo.

XI

Roto el cubículo de cristal
lágrimas de ámbar
fuego liberado
vaivén de fragmentos
anunciando de lo firme
las nostalgias.

XII

Minos
alas en descanso
desembarcadero en el centro del estanque
en el cual
otra que soy me está esperando.

XIII

Mítico Thuatha De Danann
Sena al sur del mundo
donde yo Alcione
sigo en la búsqueda de Keyx
sin importar
que los nidos de nuestro yacer
sean barridos
una y otra vez
por el oleaje implacable.

XIV

Lumbre de mi antigua condenación
salamandra
lengua de fuego
palabra que desciende
primera exclamación del ojo
gozoso hundimiento del pie
en la tibia sensación de mi destierro.

XV

En Nur
luz que me inunda
canto del humo
vibración de ausencia
¿Será acaso
de las tinieblas
un luminoso reflejo?

XVI

Mi ánfora quebrada
por la líquida serpiente que anilla
sumergiéndome sin anclarme
en los pantanos de su lodo
Siloé de este otro peregrinaje.

XVII

Hendidura en el ataúd de mi pecho
talismán
súbita manifestación del alba
azul mañana
amarillo de la tarde
del oriente y occidente gradación del rojo
de la resurrección del arcoiris
un milagro.

XVIII

Envolvente caricia de la rosa
penetrante conjuro del mamey
embriaguez del olfato
talón carente de alas
que se reinstala
en el detenido avance de los pies.

XIX

Desplazada de mi tribu
encadenada bestia
al violento temor
de los vencedores
decidí desatar mis velas
y construirme un mar
a la medida.

XX

Allí el viento
susurró el nombre de una isla
de ríos y lagunas
donde se aprende a sortear las piedras
de las flores y frutos silvestres
del animal amor
del sexo entre la hierba
o entre corrientes
haciendo olvidar
el peso de la puerta sobre la espalda.

XXI

Reykiavik de formas y sonidos
el mar comenzó a hablarme del Caribe
de los árboles desprendidos por el viento
de las sendas vueltas charcos
de la oscuridad sola rota por la luz
de dispersos cristales
del pavoroso silencio
después del primer azote
y la primera calma.

XXII

Furor de los verdes y los azules
guerra entre el agua y el aire
donde el cuerpo es lo firme
es la víctima.

XXIII

Desplazada de la embriaguez
de sus éxtasis
la memoria del desamor y de sus
lutos
me acogió en sus asilos
y comenzó a minarme
una
a
una.

XXIV

Toda dolor
toda islas
patria de un interior
donde el único dintel
es lo azul de mis nostalgias
la ingrávida
esterilidad de la memoria.

XXV

Atlantis hoy
ayer Manhattan
lo que hundido yace aquí
es la saga del desamor
escombros
del Paraíso de la obediencia
parricidio del primer verbo.

XXVI

Vivo todas mis muertes
con la poesía como única adarga
el asombro
el recanto del poema
soy todas las Juanas
la que salta y topa los cañones
la que combate sin flechas y sin arco
la que escribe sus renuncias
con la misma tinta
de la que es esclava.

XXVII

Sherezada
sobrevivo las mil y una noches
del insomnio
Oyá del ulular del viento
de Ochún
Yemayá
hija y ahijada
en la ruta de las esclavas
reencontré a mis madres
tengo de ellas la rebeldía del pelo
y el difuso color
de las arenas sin playas.

XXVIII

Eva mulata
de la violenta salvaguarda de mis ancestros
sólo heredo el silencio
de las víctimas
el olor a café del alba
y la negra mancha del andullo
escupido una y otra vez
como mi suerte.

XXIX

Lloro lluvias
En lunas de Cuarto Menguante
cuando están llenas
de una preñez inexpugnable.

XXX

Hecha de danzas
y faldas al vuelo
de conjuros de jazmín
y rosas blancas
intento apagar la antorcha
del Inquisidor
que in/daga
si duermo con Lucifer.

XXXI

Peste de carne abrasada
rumor de huesos que se calcinan
coro de ayes
ayeres de mujeres-islas
expulsadas del Paraíso
con sus serpientes y manzanas.

XXXII

Mitad gestas
que no he combatido
Cimarrona de historias ajenas
soy prisionera morisca
vendida como blanca
Geisha que arrastra
los vedados pies
Nana
sirvienta
prostituta
obrera de zona franca.

XXXIII

Tengo el útero por frontera
del Africa
Asia
Europa
el ritmo interno de gaitas
cítaras
tambores
de lo que he sido
y renacido
resonancias.

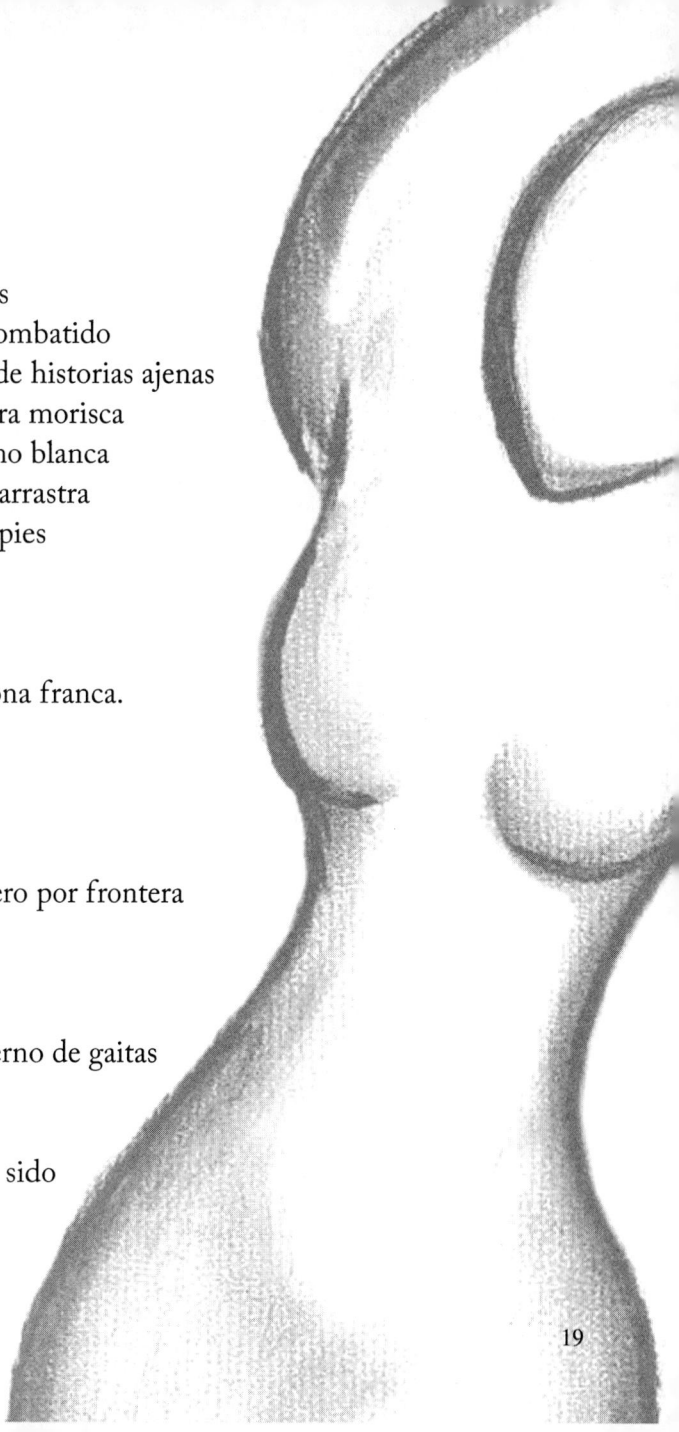

XXXIV

Vertical me alumbro
y rompo aguas
en una marea de desafíos
y maldiciones.

XXXV

Exilada fracción de lo absoluto
Pedazo
partija
disperso cúmulo de añicos
soy mujer de Lot
lo que permanece en mi
es de lo incierto
las certezas.

XXXVI

Caminos de azúcar
trenes
riel
del batey conozco los infiernos
negro paraíso de flores otoñales
en islas sin estaciones
Sión de los condenados
colina convertida en valle de lágrimas.

XXXVII

Del Generalísimo
solo permanecen en la memoria
charreteras
kepis
blancos uniformes del colegio
zapatos de charol.
Desfilábamos
rindiendo culto al Benefactor
bajo el batir de palmas
que anunciaba
nuestro inminente final como doncellas
masacrada sangre
engendrando
sangre libertaria.

XXXVIII

De este lado del Este
en balsas desmemoriadas del mar
otros Hatueys
 y otras Anacaonas
intentan atravesar el Leteo
sangre que por fin se auna
en las fauces del Canal de la Mona.

XXXIX

Ignorante de decretos
analfabeta
la vida se abre paso
entre dispersos pilotes fronterizos
muralla de papel
en los desiertos.

XL

Emplumada la serpiente
busca nuevos Adanes
en la fragmentada inocencia
de mis Edénes
Quetzalcoaltl se muerde a sí misma
frente a un muro de lamentos.

XLI

Yang y Yin
Cástor y Pólux
Nuevamente Eva en el costado del Adán original
Animus-Anima
cielo y tierra
Eva sin el anillo de Polícrates
Sofía
Caribeña Afrodita Urania
pieza magistral de Arte Regia.

XLII

Trompetas de Jericó:
De la risa de la mujer y la niña
surge de los escombros del llanto
una Quisqueya de azúcar
un Ayití de pájaros y soles.

XLIII

Paraíso
de edicto libre
donde hubo manzanas
acontece el milagro.

XLIV

Némesis
que nos arrastra
a la salada libertad.

Eva / Sion / s

Chiqui Vicioso

Translated by
Judith Kerman
Fabian Adekunle Badejo

HOUSE OF NEHESI
PUBLISHERS
st martin · caribbean

To Maria Luisa Vicioso, Poet
Sergio Pascual
Daisy Cocco
Julia Alvarez
Camille Aubaude
and Fidelio Despradel, of course

The Poetry of Chiqui Vicioso: A Brief Introduction

Sherezada "Chiqui" Vicioso returned home to the Dominican Republic in 1980, after having lived in New York City for 16 years where she found the encouragement and the support needed to take that initial daring step: publish her first book. *Viaje desde el agua*, published in 1981, established her as one of the voices that had to be heard in the Dominican Republic. This first book gathers poems written while living in the USA and during her other travels abroad. As Jane Robinett affirms in an unpublished article, "From a Woman's Perspective: The Poetry of Sherezada (Chiqui Vicioso)," Vicioso is a poet who "observes and records." Of this need to record, to make known or *hacer constar*, the reality surrounding her springs, emerges her first volume of poems *Viaje desde el agua*, where the reader finds a world without artificial frontiers. To Vicioso, the world is indeed small, so small, in fact, that everyday survival in New York City goes hand in hand with the struggles of the African people or of a Dominican youth drifting, seeking direction. This journey brings Vicioso to a safe port, that of the comfort to be found in the solidarity with other human beings. In her early poetry, her satisfaction derives precisely from the act of observing and recording, of giving voice to the voiceless, and a home to those disinherited by justice.

Another characteristic of Vicioso's early poetry is her honesty in confronting issues. In fact, one of her most notable contributions is the recognition of the importance of the African element in Dominican culture:

> Island of our sea
> out of place in this continent
> city
> past/ ... /
>> refound
>> Bissau/tree/Caribbean

(*Viaje desde el agua*, tr. E.J. Robinett)

31

The African presence in Dominican culture and in the poetic voice's own search for identity and understanding is a constant in Vicioso's poetry.

By acknowledging the African roots of Dominican society in another poem, "Haiti," the poet rejects prejudices held by those Dominicans who scorn their Haitian brothers and sisters. The poem celebrates the unity of these two nations which is more than just a geographical accident:

> Haiti
> traveler who eagerly greets me
> interrupting the quiet of paths,
> softening stones, paving dust
> with your sweaty, bare feet
> Haiti who can give art a thousand shapes
> and who paints the stars with your hands
> I found out that love and hate
> share your name.
>
> (*Viaje desde el agua*, tr. D.C. De Filippis)

Outside the island, racial problems have terrible consequences such as the tragic, unnecessary deaths of Hispanic youths in New York City:

> 19 lines in the New York Times/19 and 17 years
> 19 and 17 niños/19 and 17 hombres
> because they were killed in the South Bronx
> sadness was never bought so cheaply
>
> (*Viaje desde el agua*, tr. D.C. De Filippis)

In *A Strange Wailing of the Wind* (*Un extraño ulular traía el viento*, 1985), her second collection of poems, Vicioso anchors her poetic voice in the very search for understanding and identity. The poem begins:

> Before identity used to be palm trees
> sea, architecture

> it used to recall the nostalgic other details
> the little girl kept asking her teacher
> and there was a strange wailing of the wind.
>
> (*Daughters of the Diaspora*, 1988)

What was there before colonial glories of the past? What was the essence of our culture and the beginning of our people? This questioning underlines much of the poetic voice's search and affirmation of non-European cultures at the base and heart of Dominican history and geography. Why not teach us about those who came before, it seems to ask. The poem continues searching for a meaning that brings her to the numbers of the kabala and to the "secretive" nature of spiritual life buried by conventions:

> The walls of the number four used to reign in the empire
> but it arrived with the abruptness of drums
> with the sensorial remoteness of that which is near
> the unsleeping apparition of strangeness
> the numbers were revealed and the number seven
> —like pincers striking against number four—
> like a blue axe opening paths

The poem is one long search for meaning in a voyage of language, reflection, religions ... . It speaks of a desire to see beyond, to explore and to hear the "wind," Nature, the ancestral voice buried beneath polite ruins, remnants of European grandeur to be found on the island. But the poem is in itself a questioning and an answer, for all along the poetic voice intimates that it has heard the wailing and it has, indeed, heeded it. This is why by the eighth stanza the answer is found and handed over by women and common folk. It chants:

> Mirror the island projected to the cosmos its sphere
> and the shadow, in reflection
> like a giant drill
> rounded the edges.
> The island became a ball

in the hands of a great circle of female teachers,
carpenters, peasants, longshoremen, poets,
doctors, drivers, street vendors, peanut vendors
blind men, cripples, mutes, beauty queens,
traffic cops, police officers, workers, prostitutes
a ball in the hands of a great circle of school children
this we are! this you are! a wheel
crushing—without violence—the Is this it?

"Is this it?" Search and creation of common ground and community have been at the heart of Vicioso's work. The last two decades have seen a continued engagement in cultural activism and writing. The poems written during this period have much in common, although they bear a different stamp, with themes found in the works of a generation of women writers. These themes are: gender consciousness and an understanding of women's role in an alienating society; the recovery of the past; the renewal and revision of the image of women in Dominican literature in terms of race and class; urban settings; dehumanizing experiences and class and race consciousness come about as a result of the experience of a diaspora and its impact on the search for identity at the individual as well as collective levels; linguistic experimentation and code switching.

In *Wish-Ky Sour* we find the search for identity and formal and linguistic experimentation. In this collection of poems, dramatic in nature as evidenced by their integration into the award winning play of the same name, Vicioso reflects on the life of women of the upper classes as they reach *la tercera edad*, late middle age, and begin to lose their allure in the eyes of their husbands and men in society at large. In this collection of poems, Vicioso continues with the formal experimentation began with *Viaje desde el agua* and in subsequent works such as *Un extraño ulular traía el viento*, and *InternAmiento* (1991). With great irreverence and an iconoclasticism that leads to game-playing with the semantic structure of words, Vicioso introduces a game in two languages and the dilemma of these *doñas* as evidenced in the poem, "Exit":

> When all show res-
> pect
> and appearance is
> your best calling
> card
> Doña and señora
> Owner and proprietor
> of a condom
> inium

(Wish-Ky Sour, tr. D.C. De Filippis)

Vicioso synthesizes a preoccupation with the level of alcoholism and the lack of meaning in the life of this sector of Dominican women, which could very well be representative of middle-aged women of this social class in other parts of the world, with the play on words between her two languages (English and Spanish). Vicioso constructs the poem "Fuzzy Navel" with that game between the two languages and with the interpretation of sour drinks, the bitter drinks of women who try to find meaning to their lives in a bar or a drink:

> Bottled up Eden/of peaches and oranges
> and ron/... to drown out sex

A picture of banality in an existence founded on the conventions of an obsolete society, *Wish-Ky Sour* is an invitation to break mental and social schemes that serve only to undervalue women once they are past a certain age. This collection of poems, as much of Vicioso's work of the last decade does, is transformed into two other texts: a short story and an award-winning play.

This is also the case of "Desvelo," a poem included in *Intern-Amiento*, which transcribes an invented conversation between two nineteenth-century poets: the Dominican Salomé Ureña and her North American counterpart Emily Dickinson. Vicioso's efforts to rediscover and recover Ureña's poetry has also resulted in an essay on Salomé's life and works, *Salomé Ureña: A cien años de un magisterio (Salomé Ureña: The life of an educator 100 years later)*, and the play, *Y no todo era amor, (And not all was love)* which won the National Prize for Theatre of the Dominican Republic—the first woman to win such a prize in the history of Dominican literature—also staged as *Salomé U: Cartas a una ausencia (Salomé U: Letters to an absence)*. In her essay, as well as her poems and play, Vicioso studies the lesser known poems by Ureña; those poems that have been termed *intimistas*, or too womanly to be of any value. Nevertheless, as it has been pointed out in a number of studies, the Salomé Ureña to be found in those poems has another story to tell: that of struggle and loss in the life of a woman poet who is also an educator, a mother, and a wife. The private Salomé is brought to the public sphere in Vicioso's reading and interpretation of her poems, as well as in her own recreation of this woman's voice. The play is a tour de force of inter-textuality, as Vicioso weaves in and out of it her own contemporary interpretation of a woman whose life unravels and who ultimately pays for it with her own life.

Eva/Sion/s by Chiqui Vicioso, her latest creation, is the natural evolution of Vicioso's *acercamiento* (rapprochement) to her cultural environment, the plural Caribbean and linguistic hybridity. The mystery that is everyday life in these islands is at the heart of this collection, introduced with a quotation by that grand and overarching soul, our Cuban and universal Lezama Lima:

> Everything will have to be reconstructed, intended anew, and the old myths, reappearing, will offer us their spells and their enigmas, with an unknown face. ...

The poem then offers itself as one of many acts of reconstruction, intended to let us see with different eyes all that is ancient, and ours. In effect, the quote announces the spell and enigma before us in the name of a long poem, designed to give us anew what is our ancestral home. Alchemy and kabala play an important role in this poetic creation where the Caribbean's cultural hybrid—in the form of the many religions and belief systems that coexist in our midst—is at the heart of spiritual growth and understanding. It is not surprising then to find Africa, Asia, native lore, and European tales come together in the poem: "Auroboros, Albion, Anavatapta and Pong-lai," places and creatures that merge and emerge to create this hybrid kaleidoscope, lulling us as it aims to teach or to make new what is ancient and at the same time present:

V

Ouessant/Surija/Tula/altars chiseled by the waves/…
for the wandering ships of the soul/Pointe-à-Pitre/…
of the unattainable/…

This unattainable geography, geography of the soul in search of answers and reconciliation in light of splintering fragmentation:

XVI

My heart/a vessel broken/by the liquid serpent
submerging without anchoring me
in the swamps of its mud/Shiloh of this other pilgrimage.

Yet the journey, however painful, can lead to resourcefulness and survival:

XIX

Displaced from my tribe
beast chained/to the violent fear/of the victors
I decided to unfurl my sails/and cut the sea/to size.

The sea as the bearer of life and death, and as a symbol of infinite life and possibilities, has been possessed by the poetic voice, a conscious voice, a voice that understands the perils and the weakness to be found in the "violent fear of victors." Yet all has not been won or lost, the complexity of experience and life, continues to haunt the speaker:

XXIV

All pain/all islands/fatherland of an interior
where the only frontier/is the blues/of my nostalgia
the weightless/sterility of memory.

To what extent can one trust oneself, in strength or weakness? Are we not subject to our own recreations of truths and tales, the poem appears to imply. Is this sea I create for myself a source of freedom and truth or just an escape mechanism? Is that blues of my nostalgia true to my beliefs or just a palliative, the poem seems to question itself. There are no comfortable nor safe ports here, just a few moments of reprieve and consciousness.

XXVII

Sherezada
Oyá of the howling wind
of Oshun
Yemayá
daughter and godchild
I survive the thousand and one nights
of insomnia/ ...

The poetic voice has identified herself as Sherezada, she of the thousand tales of survival and insomnia. Sherezada is Vicioso's name, and she points to herself, to her own womanhood and survival as dependent on her ability to weave tales, to tell stories that bring closure and open new questions ... to live another day and another night, to continue to tell. ... The howling in the wind brings us back to her earlier collection and we see that the girl questioning the teacher has evolved into the narrator/poet who understands that there are few answers; that the answers are found in the questions; and that the questions and stories are tied together *ad infinitum* in a valiant struggle, as wild and untamed and as blue as the ocean she conjures up in her verses.

XXVIII

Mulatta-Eve/from the violent imprisonment of
my ancestors/I only inherit the silence/of the victims
the coffee smell of dawn
and the black mark of chewing tobacco
spat out again and again/like my luck.

Heiress to the silence borne out of being the daughter of both the
rapist and the victim, she experiences shame and fear.

XXXIII

I have my womb as frontier/of Africa/Asia/Europe
the internal rhythm of bagpipes/zithers/drums
resonances/of what I have been/and reborn to be.

Visceral, primal and disquieting as it might be, her body serves
as a meeting place for happiness as well. She can create music
and carry harmony in her own body, as a result of these unspoken
and silenced encounters. For in the end, reconciliation can be a-
chieved through the poem and the self:

XXXIX

Ignorant of decrees/illiterate/life makes its way
among scattered frontier markers/a wall of paper
in the desert.

The wall of paper in the deserts brings with it the opportunity
to be torn down or to have it evolve into something much more
transcendental and true: the poem:

XLII

Trumpets of Jericho:
laughter of girl and woman
from the ruins of weeping rise
a Quisqueya of sugar
an Ayití of birds and suns.

Reconciliation at last, through the brief moment of writing, and the eternity of the written word: Quisqueya and Ayití, sugar, birds, and suns rise again as one, as a result of the wailing, the howling, the weeping that have been overcome in the poem. Sherezada, she of the thousand tales and the thousand shapes, has been given new life in the splendor and despair of the islands, lived in by and sung by a mulatta Sherezada of the Tropics, rising from the edge of the sea and memory, to celebrate our raw hybridity and our ancient and ever present legacies.

Daisy Cocco De Filippis, PhD
Provost, Hostos Community College
Author, *A Diaspora Position*
New York

Publications by Sherezada Luisa "Chiqui" Vicioso

Salomé U: Cartas a una ausencia (Y no todo era amor). Santo Domingo: Trinitaria, 2002.

Wish-Ky Sour. Santo Domingo: Secretaría de Estado de Educación, 1997.

Salome Henríquez de Ureña (1859-1897): a cien años de un magisterio. Santo Domingo: Comisión Permanente de la Feria Nacional del Libro, 1997.

InternAmiento. Santo Domingo: Búho, 1992.

Algo que decir (Ensayos sobre la literatura femenina, 1981-1991). Santo Domingo: Editora Búho, 1991.

Julia de Burgos, la nuestra. Santo Domingo: Alfa y Omega, 1987.

Un extraño ulular traía el viento. Santo Domingo: Alfa y Omega, 1985.

Bolver a vivir, imágenes de Nicaragua. Santo Domingo: Editora Búho, 1985.

Viaje desde el agua. Santo Domingo: Visuarte, 1981.

Works consulted

Cocco De Filippis, Daisy. *Sin otro profeta que su canto*. Santo Domingo: Taller, 1988.

_____ and Robinett, E.J. *Poems of Exile and Other Concerns*. New York: Alcance, 1988.

_____ and Rivera-Valdés, Sonia. *Conversación entre escritoras del Caribe hispano*. New York: Center for Puerto Rican Studies, 2000.

_____, ed. *La literatura dominicana a finales del siglo xx: conversación entre la madre patria y la diáspora*. New York: Dominican Studies Institute, 2000.

_____. *Desde la diáspora/A Diaspora Position*. Santo Domingo: Búho, 2003.

Mateo, Andrés L. *Al filo de la dominicanidad*. Santo Domingo: Editora de Colores, 1997.

Moya Pons, Frank. *Bibliografía de la literatura dominicana, 2 volumes*. Santo Domingo: Publicación de la Feria Nacional del Libro, 1997.

Everything will have to be reconstructed, intended anew, and the old myths, reappearing, will offer us their spells and their enigmas, with an unknown face.

- José Lezama Lima, *Myths and Classical Weariness*

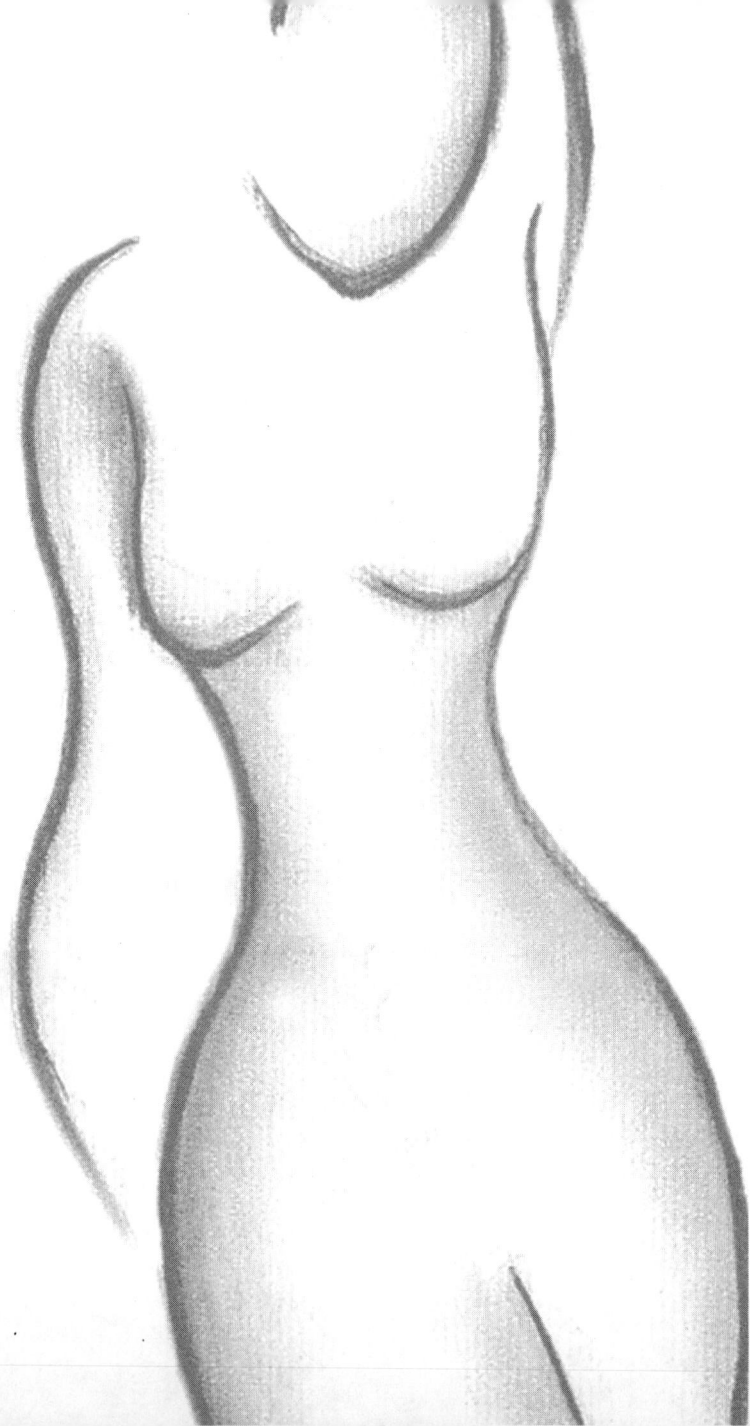

Eva/Sion/s

I

The fish were swimming
out of water
and it was normal
to encounter birds
in the roots of trees.

II

Free
the sea rose through violet plains
there was no sun
but light reigned supreme
in that Paradise
under the absolute green
of an apple tree.

III

Ruah, K'i, divine breath
Kalpa and Purlaya
the nine whispers of the beginning
Hamsa's rainbow
sealed alliance between God and his creation
where Eve originates.

IV

By divine halo
Golem becomes flesh
on this siliceous earth
one of two faces detached
two of four legs untied
clamoring for their chest
for their own essence
at the beginning of their Middle Passage.

V

Ouessant
Surija
Tula
altars chiseled by the waves
islands
for the wandering ships of the soul
Pointe-à-Pitre
Finis Terra
of the unattainable
where I encounter again
in the piercing blades of the foam
my sisters of worship
the Apsaras.

VI

Anavatapta
lake
beyond my surges
Pong-lai, island
where I rest
the bite of original hunger
mortal curiosity of my longings.

VII

Navigational chart,
white stele
guide to the white temple
of my twelve chambers
Albion
Auroboros
ocean of nine spirals
green isthmus
at the mouth of the Ozama.

VIII

Rock for the unfortunate Psykhes
where fertile ignorance is master
Soualiga, land of salt
fertilized by the flight of bats
prohibiting the vision of semidarkness.

IX

Fanged lightning
waves,
tempest,
tide
fury of the dew
Damballah Weddó, thunderstone
serpent of many colors that feeds on the seas.

X

A longing for Elysium.

XI

Broken cube of crystal,
tears of amber
liberated fire
wavering fragments
announcing the nostalgia of the known.

XII

Minos
wings at rest
landing place in the center of the pond
where my other self awaits me.

XIII

Mythic Thuatha De Danann
Seine south of the world
where I Halcyone
search endlessly for Keyx
mindless
that the nests of
our passion are washed
over and over again
by the implacable rush of waves.

XIV

Light of my ancient condemnation
salamander
tongue of fire
descending word
first exclamation of the eye
pleasurable sinking of the foot
into the lukewarm sensation of my exile.

XV

En Nur
light that floods me
ode of smoke
vibration of emptiness,
could it be per chance
the luminous reflection
of darkness?

XVI

My heart
a vessel broken
by the liquid serpent
submerging without anchoring me
in the swamps of its mud
Shiloh of this other pilgrimage.

XVII

Crack in the casket of my breast
talisman,
sudden manifestation of dawn
blue morning
yellow afternoon
from east and west shades of red
a miracle
of the rainbow's resurrection.

XVIII

Encircling caress of the rose
piercing enchantment of the mamey
rapture of scents
heel without wings
that returns
to the delayed motion of the feet.

XIX

Displaced from my tribe
beast chained
to the violent fear
of the victors
I decided to unfurl my sails
and cut the sea
to size.

XX

There the wind
whispered the name of an island
of rivers and lagoons
where the avoidance of stones is learned
of wild fruits and flowers
of instinctive love
of sex in the grass
or among currents
making you forget
the weight of the door on your back.

XXI

Reykjavik of shapes and sounds
the sea began to speak of the Caribbean
about trees pulled apart by the wind
about pathways turned potholes
about darkness only broken
by the light
of scattered crystals
about the terrifying silence
after the first whiplash
and the first stillness.

XXII

Fury of greens and blues
battle between water and the air
where the body is the survivor
the victim.

XXIII

Displaced from the enchantment
of primal ecstasies
the memory of broken love and its mourning
sheltered me in its asylum
and began to undermine me
one
by
one.

XXIV

All pain
all islands
fatherland of an interior
where the only frontier
is the blues
of my nostalgia
the weightless
sterility of memory.

XXV

Today Atlantis
Manhattan yesterday
that which is buried lies down here
the saga of broken love
wreckage
of the Paradise of obedience
parricide of the first verb.

XXVI

I live all my deaths
with poetry as the only shield
amazement
the re-incantation of the poem
I am all the Juanas
the one who leaps to clean the cannons
the one who fights without arrows or a bow
the one who writes her resignation letter
with the same ink
to which she is enslaved.

XXVII

Sherezada
Oyá of the howling wind
of Oshun
Yemayá
daughter and godchild
I survive the thousand and one nights
of insomnia
on the route of the slaves
I re-encountered my mothers
I inherit from them the rebellion of my hair
and my difuse color
of sand without beaches.

XXVIII

Mulatta-Eve
from the violent imprisonment of my ancestors
I only inherit the silence
of the victims
the coffee smell of dawn
and the black mark of chewing tobacco
spat out again and again
like my luck.

XXIX

I cry rains
during Fourth Quarter moons
when they are full
of an unassailable pregnancy.

XXX

Formed by dances
and flying skirts
by incantations of jasmine
and white roses
I try to put out the torch
of the Inquisitor
who demands to know
if I sleep with Lucifer.

XXXI

Stench of burnt meat
rumor of charring bones
chorus of lamentations
cry of women-islands
expelled from Paradise
with their snakes and apples.

XXXII

Half-skirmishes
that I have not fought
maroon-woman of alien histories
I am a Moorish prisoner
sold as white
Geisha who drags
her sequestered feet
Nanny
servant girl
prostitute
laborer of the Free Zone.

XXXIII

I have my womb as frontier
of Africa
Asia
Europe
the internal rhythm of bagpipes
zithers
drums
resonances
of what I have been
and reborn to be.

XXXIV

Upright I bear myself
and break water
in a tide of challenges
and curses.

XXXV

Exiled fraction of the absolute
 portion
  piece
   particle
    scattered mass of fragments
     I am Lot's wife
      what remains of myself
       is the certainty
        of the uncertain.

XXXVI

Sugar trails
trains
rails
I know the hell of canefields
black paradise of autumn flowers
on islands without seasons
Sion of the condemned
hill turned into a valley of tears.

XXXVII

In the permanence of memory
all that remains
of the Generalissimo
are epaulettes
kepis,
the white gala uniforms of my school
the shining leather shoes.
We paraded
praising the Benefactor
under the flutter of palms
which announced
the end of our maidenhood,
massacred blood
engendering
the blood of liberation.

XXXVIII

On this eastern side
in fragile boats
which have lost the memory of the sea
other Hatueys
and other Anacaonas
try to cross the Lethe
blood that at last unites
in the Straits of Mona.

XXXIX

Ignorant of decrees
illiterate
life makes its way
among scattered frontier markers
a wall of paper
in the desert.

XL

Plumed, the serpent
seeks new Adams
in the broken innocence
of our Edens
in front of a wailing wall
Quetzalcoatl bites itself.

XLI

Yang and Yin
Castor and Pollux
Once more Eve back in the side
of the original Adam
Animus-Anima
heaven and earth
Eva without Policrates' ring
Sophia
Caribbean Aphrodite Urania
A mistress-piece of Arte Regia.

XLII

Trumpets of Jericho:
laughter of girl and woman
from the ruins of weeping rise
a Quisqueya of sugar
an Ayití of birds and suns.

XLIII

Paradise
free of edicts
where there were apples
the miracle happens.

XLIV

Nemesis
that drags us
to the salt-bitten freedom.

Éva / Sion / s

Chiqui Vicioso

Traduit de l'Anglais par
Camille Aubaude
Daniella Jeffry

À Maria Luisa Vicioso, Poèt
Sergio Pascual
Daisy Cocco
Julia Alvarez
Camille Aubaude
et Fidelio Despradel, bien sûr

La Poésie de Chiqui Vicioso: Brève Introduction

En 1980, Scherezada "Chiqui" Vicioso retourna chez elle en République Dominicaine après avoir vécu 16 ans à New York où elle trouva l'encouragement et le soutien nécessaires pour faire le premier pas audacieux: publier son premier livre. Avec *Viaje desde el agua*, publié en 1981, elle est devenue l'une des voix à entendre en République Dominicaine. Ce premier livre contient des poèmes écrits lorsqu'elle vivait aux Etats-Unis et lors de ses autres voyages à l'étranger. Vicioso, comme le dit Jane Robinett dans son article inédit, "Perspective de Femme: La Poésie de Sherezada (Chiqui Vicioso)" est une femme poète qui "observe et enregistre." De ce besoin d'enregistrer ou de documenter la réalité autour d'elle est né *Viaje desde el agua* où le lecteur trouve un monde sans frontières artificielles. Pour Vicioso, le monde est, en effet, petit, si petit, en fait, que la survie quotidienne à New York va de pair avec la lutte des Afro-Américains ou celle de la jeunesse dominicaine à la dérive, en quête de direction. Ce voyage mène Vicioso à bon port, celui du confort étroitement lié à la solidarité avec les autres êtres humains. Dans ses premiers poèmes, elle tire satisfaction précisément de l'acte d'observer et d'enregistrer, de celui de donner une voix à ceux qui n'en ont pas, un toit aux déshérités victimes de l'injustice.

Une autre caractéristique des premiers poèmes de Vicioso est son honnêteté lorsqu'elle est confrontée aux problèmes. En fait, une de ses plus exceptionnelles contributions est la reconnaissance de l'importance de l'élément africain dans la culture dominicaine:

> Île de notre mer/Point à sa place dans ce continent
> ville/passé/ ... /retrouvé/Bissau/arbre/Caribéen
>
> (*Viaje desde el agua*)

La présence africaine dans la culture dominicaine et dans la propre quête d'identité et de compréhension de la voix poétique est une constante dans la poésie de Vicioso.

En reconnaissant les racines africaines de la société dominicaine dans un autre poème "Haïti", le poète rejette les préjugés entretenus par ces Dominicains qui méprisent leurs frères haïtiens. Le poème célèbre l'unité de ces deux nations qui est bien plus qu'un simple accident géographique.

> Haïti
> voyageur qui chaleureusement me salue
> interrompant le calme des sentiers,
> adoucissant les pierres, pavant la poussière
> de tes pieds nus, couverts de sueur/ ...
> Haïti qui peut donner à l'art mille formes
> et qui peint les étoiles avec tes mains
> j'ai découvert que l'amour et la haine
> se partagent ton nom.
>
> (*Viaje desde el agua*)

A l'extérieur, les problèmes raciaux ont de terribles conséquences, telles que la mort tragique et inutile de jeunes hispaniques à New York:

> 19 lignes dans le *New York Times*/19 et 17 ans
> 19 et 17 jeunes hommes/19 et 17 hommes
> parce qu'ils furent tués dans le Bronx Sud
> la tristesse n'a jamais été achetée à si bon marché
>
> (*Viaje desde el agua*)

Un extraño ulular traía el viento (1985), sa deuxième collection de poèmes, Vicioso ancre sa voix poétique dans la recherche de la compréhension et de l'identité. Le poème débute ainsi:

> Auparavant l'identité représentait les palmiers,
> la mer, l'architecture
> elle rappelait les autres détails nostalgiques
> que la petite fille ne cessait de demander à son maître
> et il y avait un étrange gémissement du vent.
>
> (*Filles de la Diaspora*, 1988)

Qu'y avait-il avant les gloires coloniales du passé? Qu'était l'essence de notre culture et la genèse de notre peuple? Ce questionnement à la lumière de la compréhension souligne une grande partie de la quête de la voix poétique et l'affirmation des cultures non européennes à la base et au cœur de l'histoire et de la géographie. Pourquoi ne pas nous enseigner ce qui s'est passé auparavant, semble être la question? Le poème poursuit sa recherche d'une signification qui la conduit aux chiffres de la cabale et à la nature "réservée" de la vie spirituelle enfouie par les conventions. Elle dit:

> Les murs du nombre quatre régnaient dans l'empire
> mais il est arrivé au son saccadé des tambours
> avec l'éloignement sensoriel de ce qui est proche
> l'apparition vigilante de l'étrangeté
> les nombres furent révélés et le nombre sept
> – comme les tenailles qui frappent contre le
>   nombre quatre –
> comme une hache bleue qui ouvrent des sentiers

Le poème est une longue recherche de signification dans un voyage de langues, de réflexion, de religions … . Il parle du désir de voir plus loin, d'explorer et d'entendre le "vent," la nature, la voix ancestrale enfouie sous les ruines polies, restes de la grandeur européenne encore présente sur l'île. Mais le poème est en lui-même un questionnement et une réponse car, chemin faisant, la voix poétique fait savoir qu'elle a entendu le gémissement et qu'elle en a pris compte. C'est pourquoi à la huitième strophe la réponse est trouvée et transmise aux femmes et aux gens simples. Il chante:

> Miroir l'île a projeté sur le cosmos sa sphère
> et l'ombre, en réflexion/comme une pointe à forer géante
> arrondit les bords./l'île est devenue un ballon
> dans les mains d'un grand cercle d'enseignantes,
> de charpentiers, de paysans, de dockers, de poètes,
> d'aveugles, d'infirmes, de muets, de Miss,
> d'agents de la circulation, d'officiers de police,
> d'ouvriers, de prostitués

un ballon dans les mains d'un grand cercle d'écoliers
c'est ce que nous sommes!/c'est ce que vous êtes!/
une roue/qui écrase/ – sans violence – / le est-ce cela?

(*Filles de la Diaspora*, 1988)

"Est-ce-cela?" La recherche et la création d'un terrain d'entente et d'un lieu commun ont été au cœur de l'œuvre de Vicioso. Les deux dernières décennies ont été témoins d'un engagement continu dans l'activisme culturel et dans l'écriture. Les poèmes écrits au cours de cette période ont entre eux de nombreux points communs, bien qu'ils laissent une empreinte très distincte, avec des thèmes trouvés dans les œuvres d'une génération de femmes écrivains. Ce sont: une conscience de la féminité et une compréhension du rôle de la femme dans une société aliénante; le retour au passé; le renouveau et la révision de l'image de la femme dans la littérature dominicaine en termes de race et de classe; l'environnement urbain; les expériences déshumanisantes et la conscience de la classe et de la race résultent de l'expérience de la diaspora et de son impact sur la quête d'identité au niveau de l'individu ainsi qu'au niveau collectif; l'expérimentation collective et le changement de code.

Dans *Wish-Ky Sour* nous trouvons la quête et l'expérimentation formelle et linguistique. Dans cette collection de poèmes, dramatique en nature comme prouvé par leur intégration dans la pièce du même nom qui a remporté un prix, Vicioso réfléchit sur la vie des femmes des classes supérieures approchant le troisième âge et commençant à perdre leur charme aux yeux de leur mari et des hommes dans la société en général. Dans cette collection de poèmes Vicioso continue avec l'expérimentation formelle commencée avec *Viaje desde el agua* et dans des œuvres ultérieures telles que *Un extraño ulular traía el viento* et *InternAmiento* (1991). Avec un total manque de respect et d'une forme d'iconoclasme qui conduit à jouer avec la structure sémantique des mots, Vicioso introduit un jeu en deux langues et le dilemme de ces *doñas* comme prouvé dans le Poème "Exit":

Lorsque tout le monde témoigne du res-
                                        pect
et l'apparence est
votre meilleure carte de visite
Doña et señora
Possesseur et propriétaire
d'un condom
                inium

(*Wish-Ky Sour*)

Vicioso fait la synthèse de la préoccupation pour le degré
d'alcoolisme et la vie dénuée de sens des femmes de ce secteur
de femmes dominicaines, qui pourrait très bien être représenta-
tives des femmes d'âge moyen de cette classe sociale dans d'autres
parties du monde, avec le jeu de mots entre deux langues. Vicioso
construit le poème "Nombril Bouffant" avec ce jeu entre les deux
langues et avec l'interprétation de boissons acides, les boissons
amères des femmes qui essaient de donner un sens à leur vie dans
un bar ou devant une boisson:

Eden en bouteille/de pêches et d'oranges
et ron/... pour noyer le sexe

Un tableau de banalités dans une existence fondée sur les conven-
tions d'une société archaïque, *Wish-Ky Sour* est une invitation à
briser les machinations mentales et sociales qui ne servent qu'à
sous-estimer les femmes une fois qu'elle ont dépassé un certain
âge. Cette collection de poèmes, autant que le fait l'oeuvre de Vi-
cioso de la dernière décennie, se transforme en deux autres textes:
une nouvelle et une pièce de théâtre qui a remporté un prix.

C'est également le cas de "Desvelo", un poème que l'on trouve
dans *InternAmiento*, qui transcrit une conversation inventée en-
tre deux poètes du dix-neuvième siècle: la Dominicaine Salomé
Ureña et sa contrepartie nord-américaine Emily Dickinson. Les
efforts de Vicioso pour redécouvrir et retrouver la poésie d'Ureña
ont également donné naissance à un essai sur la vie et l'oeuvre de

Salomé, *Salomé Ureña: A cien años de un magisterio*, et une pièce de théâtre qui a remporté un prix, *Y no todo era amor*, également mise en scène sous le nom de *Salomé U: Cartas a una ausencia*. Dans son essai ainsi que dans ses poèmes et sa pièce de théâtre, Vicioso étudie les poèmes moins connus d'Ureña; ces poèmes appelés *intimistas*, trop féminines pour avoir une quelconque valeur. Néanmoins, comme indiqué dans un certain nombre d'études, la Salomé Ureña que l'on découvre dans ces poèmes a une autre histoire à raconter: celle du combat et de la déchéance dans la vie d'une femme poète qui est également éducatrice, mère et épouse. La Salomé privée a pénétré la sphère publique dans la lecture et l'interprétation de ses poèmes par Vicioso, ainsi que dans sa propre re-création de la voix de cette femme. La pièce de théâtre est un tour de force d'intertextualité, puisque Vicioso tisse dans sa pièce de théâtre la propre interprétation contemporaine de Salomé et Vicioso d'une femme dont la vie se dénoue et qui finalement paie le prix de sa propre vie.

Éva/Sion/s, sa plus récente création est l'évolution naturelle de l'acercamiento de Sherezada Luisa "Chiqui" Vicioso dans son environnement culturel, l'hybridité plurielle caribéenne et linguistique. Le mystère qui est la vie quotidienne sur ces îles est au coeur de cette collection, introduit par une citation de cette grande âme très voutée, notre universelle et cubaine Lezama Lima:

> Tout devra être reconstruit, repensé à nouveau, et les anciens mythes réapparaîtront, en nous offrant leurs charmes et leurs énigmes, avec un visage inconnu. …

Le poème s'offre alors comme un des nombreux actes de reconstruction, destiné à nous permettre de porter un regard différent sur tout ce qui est ancien et tout ce qui nous appartient. En effet, la citation annonce l'ensorcellement et l'énigme devant nous au nom d'un long poème, destiné à nous redonner ce qui est notre demeure ancestrale. L'alchimie et la cabale jouent un rôle important dans cette création poétique où l'hybride culturel de la Caraïbe sous la forme de nombreuses religions et systèmes de croyance coexistant parmi nous est au coeur du développement spirituel et de la compréhension. Il n'est pas surprenant alors de trouver le folklore d'Afrique, d'Asie et les contes européens réunis dans le poème: "Auroboros, Albión, Anavatapta et Pong-lai," lieux et créatures qui fusionnent et émergent pour créer ce kaléidoscope, nous berçant puisqu'il vise à instruire ou à rendre neuf ce qui est ancien et omniprésent:

V

Ouessant/Surija/Tula/ ... /ciselés par les vagues
pour les vaisseaux des âmes condamnés à l'errance
Pointe-à-Pitre/ ... /de l'inaccessible/...

Cette géographie inaccessible, géographie de l'âme en quête de réponses et de réconciliation à la lumière de la fragmentation éclatée.

XVI

Mon vase brisé/par le serpent qui m'encercle
sans m'entraîner/dans le sables mouvants
de sa déchéance/Siloé de mon autre pélerinage.

Pourtant, le voyage, quoique douloureux, peut mener à l'ingéniosité et à la survie:

XIX

Égarée de la tribu
animal enchaîné/à la violente terreur
des vainqueurs/j'ai décidé de perdre mes ailes
et créer une mer/à ma guise.

La mer, porteuse de vie et de mort, et tel un symbole de vie infinie et d'opportunités, est possédée par la voix poétique, une voix consciente, une voix qui comprend les dangers et la faiblesse que l'on trouve dans la "peur violente des vainqueurs." Pourtant, tout n'a pas été gagné ou perdu, la complexité de l'expérience et de la vie, continue de hanter celle qui parle:

XXIV

Toute la douleur/toutes les îles/patrie de l'intérieur
où une seule embrasure/est le bleu de ma nostalgie
l'apesanteur/stérilité de la mémoire.

A quel point peut-on se faire confiance, en force ou en faiblesse?
Ne sommes-nous pas sous la dépendance de nos ré-créations de
vérités et de contes, le poème semble l'impliquer. Cette mer que
je crée pour moi-même est-elle une source de liberté et de vérité
ou tout simplement un mécanisme d'adaptation? La tristesse de
ma nostalgie est-elle conforme à mes croyances ou est-elle tout
simplement un palliatif, le poème semble se poser ces questions. Il
n'y a pas de ports sûrs, confortables, juste des moments de répit et
de prise de conscience.

XXVII

Sherezada/Oya du vent qui rugit/de Oshun/Yemaya
fille et filleule/je survis les mille et une nuit/de l'insomnie

La voix poétique s'est transformée en Sherezada, la femme des
mille contes de survie et d'insomnie. Sherezada est le nom de Vi-
cioso et elle se réfère à elle-même, à sa propre vie de femme et à
sa survie comme si tout dépendait de sa faculté à composer des
contes, à raconter des histoires qui aboutissent à une conclusion et
posent de nouvelles questions … à vivre un autre jour et une autre
nuit à continuer de raconter. … Le mugissement du vent nous
ramène à sa première collection et veille à ce que la jeune fille qui
questionne le maître devienne le narrateur/poète qui comprend
qu'il existe peu de réponses; que les réponses se retrouvent dans les
questions et que les questions et les histoires sont mêlées à l'infini
dans un valeureux combat, aussi violent et sauvage et aussi bleu
que l'océan qu'elle évoque dans ses vers.

XXVIII

Éve-La mulâtresse
de la cruelle bienveillance de mes ancêtres

j'ai seulement hérité du silence/des victimes
l'odeur de café de l'aube
et la marque noire du tabac à mâcher
crache à plusieurs reprises/comme ma chance.

Héritant le silence qui doit engendrer la fille du violeur et de la victime à la fois, il y a honte et peur.

XXXIII

J'ai un utérus pour frontière/de l'Afrique/l'Asie/l'Europe
le rythme interne des cornemuses/cithares/tambours
d'où j'étais et d'où je renais/en résonances.

Aussi viscéral, originel et troublant qu'il pourrait être, son corps sert également de lieu où elle trouve le bonheur. … Elle peut créer la musique et apporter l'harmonie dans son propre corps, par suite de ces rencontres non exprimées et réduites au silence. Car, en fin de compte, la réconciliation peut s'opérer grâce au poème et au moi:

XXXIX

Ne sachat pas les décrets/analphabète
la vie trace ses passage
entre les pilotes disposes a la frontière
muraille de papier/dans les déserts.

Le mur de papier dans les déserts témoigne qu'il peut être déchiré ou qu'il peut se transformer en quelque chose de beaucoup plus transcendental et vrai: le poème:

XLII

Trompettes de Jéricho
rires de fille et de femme
surgissent des ruines de pleurs
une Quisqueya de sucre
un Ayití d'oiseaux et de soleils.

La conciliation finalement, grâce au moment éphémère de l'écriture et l'éternité du mot écrit, a lieu: Quisqueya et Ayití, le sucre, les oiseaux et les soleils se lèvent à nouveau, unis, par suite des lamentations, des mugissements, des pleurs qui ont été conquis dans le poème. Sherezada, la femme des mille contes et des mille formes, a reçu une nouvelle vie dans la splendeur et le désespoir des îles, vécue et chantée par la mulâtresse Sherezada des Tropiques, apparaissant au bord de la mer et de la mémoire, pour célébrer notre hybridité crue et nos anciens et omniprésents héritages.

Daisy Cocco De Filippis, PhD
Provost, Hostos Community College
Auteur, *Desde la diáspora*
(Une Position de la Diaspora)
New York

Publications de Sherezada Luisa "Chiqui" Vicioso

Salomé U: Cartas a una ausencia (Y no todo era amor). Santo Domingo: Trinitaria, 2002.
Wish-Ky Sour. Santo Domingo: Secretaría de Estado de Educación, 1997.
Salome Henríquez de Ureña (1859-1897: a cien años de un magisterio. Santo Domingo: Comisión Permanente de la Feria Nacional del Libro, 1997.
InternAmientos. Santo Domingo: Búho, 1992.
Algo que decir (Ensayos sobre la literatura femenina, 1981-1991). Santo Domingo: Editora Búho, 1991.
Julia de Burgos, la nuestra. Santo Domingo: Alfa y Omega, 1987.
Un extraño ulular traía el viento. Santo Domingo: Alfa y Omega, 1985.
Bolver a vivir, imágenes de Nicaragua. Santo Domingo: Editora Búho, 1985.
Viaje desde el agua. Santo Domingo: Visuarte, 1981.

Ouvrages consultés

Cocco De Filippis, Daisy. *Sin otro profeta que su canto*. Santo Domingo: Taller, 1988.
_____ and Robinett, E.J. *Poems of Exile and Other Concerns*. New York: Alcance, 1988.
_____ and Rivera-Valdés, Sonia. *Conversación entre escritoras del Caribe hispano*. New York: Center for Puerto Rican Studies, 2000.
_____, ed. *La literatura dominicana a finales del siglo xx: conversación entre la madre patria y la diáspora*. New York: Dominican Studies Institute, 2000.
_____. *Desde la diáspora/A Diaspora Position*. Santo Domingo: Búho, 2003.
Mateo, Andrés L. *Al filo de la dominicanidad*. Santo Domingo: Editora de Colores, 1997.
Moya Pons, Frank. *Bibliografía de la literatura dominicana, 2 volumes*. Santo Domingo: Publicación de la Feria Nacional del Libro, 1997.

Tout doit être reconstruit, repensé à nouveau et les anciens mythes réapparaîtront, en nous offrant leurs charmes et leurs énigmes, avec un visage inconnu.

- José Lezama Lima, *Mythes et lassitude classique*

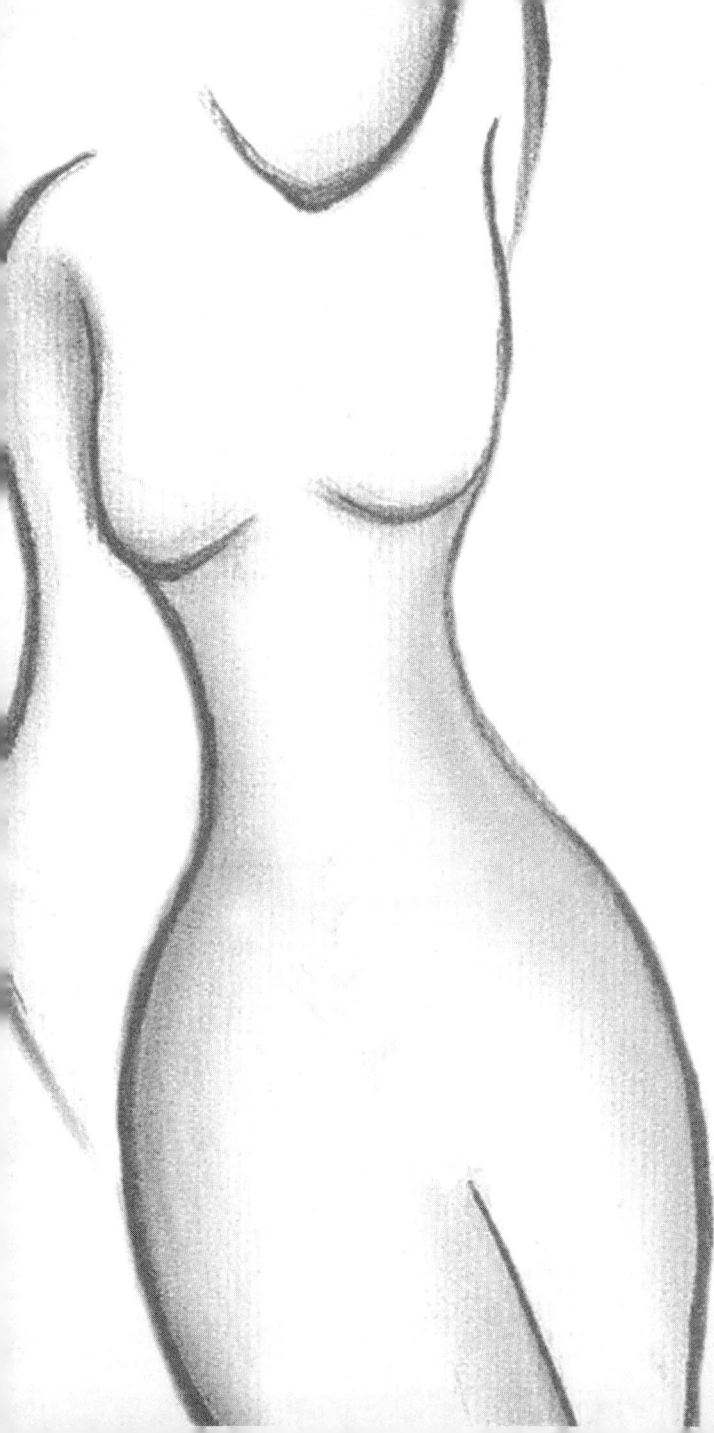

Éva/Sion/s

I

Le poisson nageait
hors de l'eau
et l'on rencontrait souvent
des oiseaux
dans les racines des arbres.

II

Libre
la mer recouvrait les plaines violettes
il n'y avait pas de soleil
mais la lumière régnait
en ce Paradis
sous le vert absolu
d'un pommier.

III

Ruah, K'i, souffle divin
Kalpa et Purlaya
les neuf murmures naissant
l'arc-en-ciel de Hamsa
alliance scellée entre Dieu et sa création
où surgit Ève.

IV

Par une auréole divine
Golem s'est fait chair
sur cette terre de silice
un de deux visages détachés
deux de quatre jambes déliées
vociférant de leur poitrine
pour leur essence même
au début de leur Traversée Transatlantique.

V

Ouessant
Surija
Tula
îles
ciselés par les vagues
pour les vaisseaux des âmes condamnés à l'errance
Pointe-à-Pitre
Finis Terre
de l'inaccessible
où Je retrouve
la force de pénétration de l'écume
mes sœurs de culte
les Apsaras.

VI

Anavatapta
lac
bien éloigné de mes vagues
Pong-lai, insula
où je repose
la morsure de la faim originaire
la mortelle curiosité de mes
envies.

VII

Carte de navigation
stèle blanche
guide vers le temple blanc
de mes douze chambres
Albión
Auroboros
océan de neuf spirales
isthme vert
jusqu'à la embouchure d'Ozama.

VIII

Rocher des malheureuses Psykhes
où l'ignorance fertile est maître
Soualiga, terre de sel
fertilisée par le vol des chauve-souris
interdisant la vision de les pénombres.

IX

Éclair dentelé
vagues
tempêtes
marée
fureur de la rosée
Damballah Weddó, la pierre de tonnerre
serpent multicolore alimenté par les mers.

X

Nostalgie de l'Élysée.

XI

Cube de cristal brisé
larmes d'ambre
flamme libérée
fragments ondoyants
annonçant la nostalgie du connu

XII

Minos
ailes au repos
embarcadere au centre du bassin
dans lequel un autre que soi m'attend.

XIII

Mythique Thuatha De Danann
Seine au sud du monde
où moi, Halcyone
cherche interminablement Keyx
sans penser
que les nids de notre passion
sont balayés
par la ruée implacable des vagues.

XIV

Lumière de mon ancienne condamnation
salamandre
langue de feu
paroles qui descend du ciel
eblouissement primordial des yeux
et les pieds touchent le soil
dans la chaleur de mon exil.

XV

En Nur
la lumière que m'inonde
chant de la fumée
vibration du néant
Serait-ce
la lumineuse reflexion
des ténèbres?

XVI

Mon vase brisé
par le serpent qui m'encercle
sans m'entraîner
dans le sables mouvants de sa déchéance
Siloé de mon autre pélerinage.

XVII

Ouverture du sarcophage de mon torse
talisman
soudaine manifestation de l'aube
matin bleu
colour j'aune de l'apres-midi
gradation du rouge de l'orient à l'occident
resurrection de l'arc en ciel
un miracle.

XVIII

Caresse enveloppante de rose
jugement pénétrant du mamey
rapture des odeurs
le talon pose, san ailes
ou les pieds n'avancent pas.

XIX

Égarée de la tribu
animal enchaîné
à la violente terreur
des vainqueurs
j'ai décidé de perdre mes ailes
et créer une mer
à ma guise.

XX

Là le vent
murmure le nom d'une île
de rivières et de lagons
où on apprend à éviter les pierres,
de fruits et fleurs sauvages
d'amour instinctif
d'amour consumé dans l'herbe
ou au milieu des courants vous faisant oublier
le poids de la porte sur votre dos.

XXI

Reykjavík de formes et de sons
la mer se met à parler de la Caraïbe
des arbres déplacés par le vent
des ténèbres transpercées par la lumière
de cristaux dispersés
du silence terrifiant
après le premier azote
et la paix primordiale.

XXII

Fureur des verts et des bleus
guerre entre l'eau et l'air
où le corps est le survivant
et le victime.

XXIII

Loin de l'enchantement
des extases originelles
le souvenir d'un amour brisé et le chagrin
éprouvé m'a abrité dans son refuge
et s'est mis à m'ébranler
petit
à
petit.

XXIV

Toute la douleur
toutes les îles
patrie de l'intérieur
où une seule embrasure
est le bleu de ma nostalgie
l'apesanteur
stérilité de la mémoire.

XXV

Atlantis aujourd'hui
hier Manhattan
ce qui repose ici
la saga du désamour
decombres du Paradis de l'obeissance
parricide du premier verbe.

XXVI

Je vis toutes mes morts
avec la poesie pour seul abri
etonnement le chant nouveau du poème
Je suis toutes les Juanas
celle qui bondit vers le canons et les touche
celle qui se bat sans flèches et sans arc
celle qui écrit ses renoncements
de la même encre
que celle des esclaves.

XXVII

Sherezada
Oya du vent qui rugit
de Oshun
Yemaya
fille et filleule
je survis les mille et une nuits
de l'insomnie
sur la route des esclaves
j'ai retrouvé mes mères
j'hérite d'elles ma chevelure rebelle
et ma couleur diffuse
de sable sans plages.

XXVIII

Éve-La mulâtresse
de la cruelle bienveillance de mes ancêtres
j'ai seulement hérité du silence
des victimes
l'odeur de café de l'aube
et la marque noire du tabac à mâcher
craché à plusieurs reprises
comme ma chance.

XXIX

Je pleure les pluies
qui tombent au Quatrième Quartier des lunes
lorsqu'elles sont pleines
d'une grossesse inattaquable.

XXX

Formée par les danses
et les jupes virevoltantes
par les incantations de jasmin
et de roses blanches
j'essaie d'éteindre le flambeau
de l'Inquisiteur
qui veut absolument savoir
si je couche avec Lucifer.

XXXI

Pestilence de la viande brûlée
rumeur des os qui se calcinent
choeur de l'agonie
autrefois les femmes-îles
expulsées du Paradis
avec leurs serpents et leurs pommes.

XXXII

Demi-escarmouches
que je n'ai pas combattues
femme-marron des histoires étrangères
je suis une prisonnière maure
vendue comme Geisha
blanche qui traîne
ses pieds séquestrés
Mabo
servante
prostituée
ouvrière de la Zone Franche.

XXXIII

J'ai un utérus pour frontière
de l'Afrique
l'Asie
l'Europe
le rythme interne des cornemuses
cithares
tambours
d'où j'étais et d'où je renais
en résonances.

XXXIV

Je me mets à la
verticale
et je romps les eaux
en une marée de défis
et de malédictions.

XXXV

Parcelle exilée de la totalité
morceau
pièce
fraction
masse dispersée de fragments
je suis l'épouse de Lot
et ce qui demeure en moi
est la certitude de l'inconnu.

XXXVI

Chemins de sucre
trains
rails
des champs de cane à sucre
dont je connais l'enfer
noir paradis des fleurs d'automne
sur des îles sans saisons
Sion ou errent les condamnes
colline transmuée en une vallée de larmes.

XXXVII

Du Généralissime
rest seulement en memoire
les epaulets
les kepis
les uniformes blancs de l'ecole
la brillante des chaussure en cuir.
Nous defilons
nous rendons un culte au Benefactor
sour la morsure des palmiers
que announce la fin de notre virginite,
le sang de massacres
engrende
le sang libertaire.

XXXVIII

Sur cette partie orientale
dans des barques fragiles
qui ont perdu le souvenir de la mer
d'autres Hatuey
et d'autres Anacaona
essaient de traverser le sang
du Léthé qui enfin s'unit
dans le Détroit de Mona.

XXXIX

Ne sachat pas les décrets
analphabète
la vie trace ses passage
entre les pilotes disposes a la frontière
muraille de papier
dans les déserts.

XL

Orné de plumes, le serpent
cherche de nouveaux Adams
dans l'innocence fragmentée
de nos Édens
Quetzalcoatl mord sa queue
devant un mur de lamentations.

XLI

Le Yang et le Yin
Castor et Pollux
La nouvelle Ève au coté du Adam originel
Animus-Anima
ciel et terre
Éve san l'anneau de Polícrates
Sofia
Urena Aphrodite Caribéene
piece magistrale de l'Art Majeur.

XLII

Trompettes de Jéricho:
rires de fille et de femme
surgissent des ruines de pleurs
une Quisqueya de sucre
un Ayiti d'oiseaux et de soleils.

XLIII

Paradis
libre de lois
où il y avait des pommes
le miracle a eu lieu.

XLIV

Némésis
qui nous entraîne
à la liberté salée.

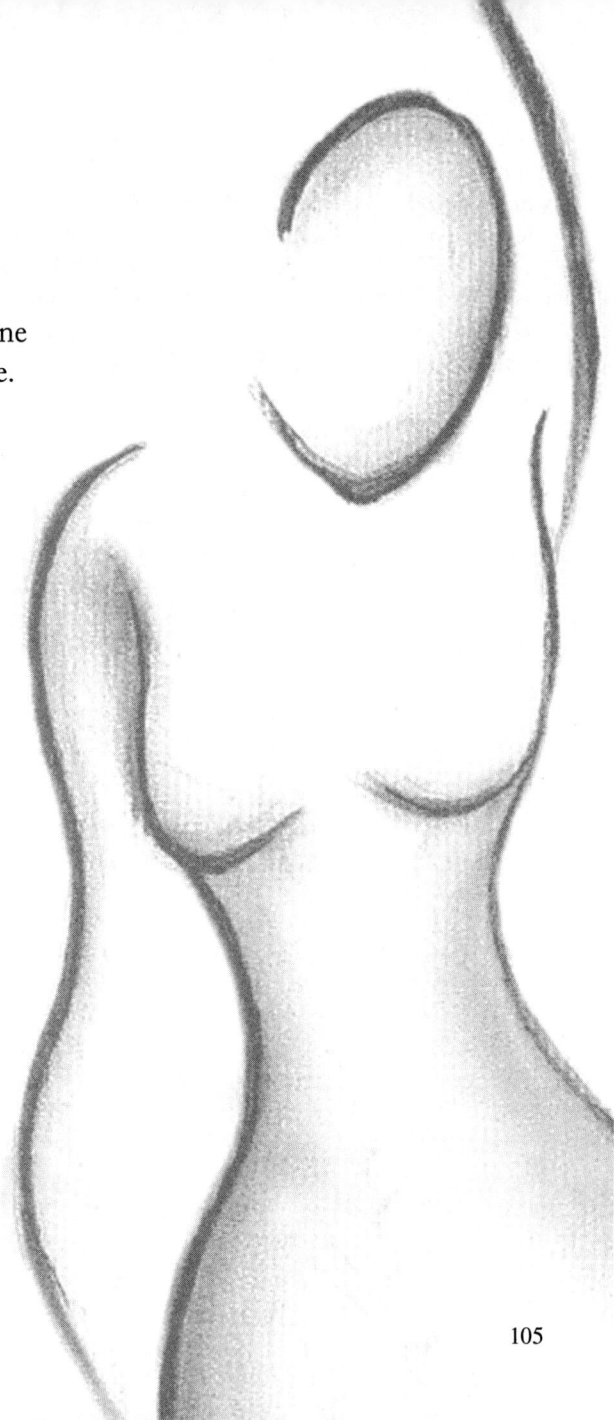

La autora

Sherezada Vicioso (Chiqui), nació en Santo Domingo, Republica Dominicana. Se graduó con una licenciatura en Historia Latinoamericana y Sociología de la universidad Brooklyn College, y tiene una maestría en educación de la Universidad de Columbia, y estudios de pos grado de la Fundación Getulio Vargas, Brazil. Vicioso ha trabajado para varias agencias de las Naciones Unidas, entre ellas UNICEF, UNIFEM, INSTRAW, y el Fondo de Población, como asesora y evaluadora de programas con la mujer. Entre 1981 y 2005, Chiqui Vicioso ha escrito unos 19 libros, incluyendo cinco poemarios, y dos libros de ensayos sobre literatura femenina, literatura y educación, entre los cuales se distingue el libro *Algo que decir*, ensayos sobre Literatura Femenina, cuya primera edición data del 1992. También ha escrito una biografía poética de Julia de Burgos, la poeta nacional de Puerto Rico; Salome Ureña de Henríquez y Aída Cartagena Portalatin, dos voces esenciales de la Republica Dominicana, asi como la biografía de una guerrillera boliviana. Entre los premios que ha recibido están el Anacaona de Oro en Literatura; el Premio Nacional de Teatro de la Republica Dominicana y el Premio Casandra por la obra *Salomé U: Cartas a una ausencia*. *Eva/Sión/Es* es el primer libro de esta importante autora caribeña que se publica simultáneamente en tres idiomas.

About the author

Sherezada "Chiqui" Vicioso, was born in Santo Domingo, Dominican Republic. She graduated from Brooklyn College with a B.A. in Sociology and Latin American History. Her master's in education and postgraduate studies in cultural administration were obtained, respectively, from Columbia University and Fundação Getulio Vargas, Brazil. Vicioso has worked for various United Nations agencies—UNICEF, UNIFEM, INSTRAW, FNUAP—specializing in women development programs. She is currently an Ambassador for Women, Children and Adolescent issues, at the Ministry of Foreign Affairs of the Dominican Republic. Between 1981 and 2005, Chiqui Vicioso authored 19 books, including five volumes of poetry; five plays; and two books of essays on women writers, literature, and education—notably *Algo que decir* (1992) *(Something to Declare)*. She has also written the revealing seminal poetic biographies of Julia de Burgos, the national poet of Puerto Rico, and of

Salomé Ureña and Aída Cartagena Portalatín, two essential poetic voices of the Dominican Republic; and a biography of a Bolivian female urban guerrilla. Awards and honors include the Anacaona de Oro for literature, the National Theater Prize of the Dominican Republic, and the Premio Casandra for the play *Salomé U: cartas a una ausencia*. *Eva/Sion/s* is the first book by this important Caribbean author to be published simultaneously in three languages.

Sur l'auteur

Sherezada "Chiqui" Vicioso est née à Saint-Domingue en République Dominicaine. Elle a obtenu de la Faculté de Brooklyn une Licence de Sociologie et d'Histoire d'Amérique Latine. Elle fit sa maîtrise d'enseignement et ses études post-licence d'administration culturelle respectivement à l'Université de Columbia et à la Fondation Getulio Vargas au Brésil. Vicioso a travaillé dans plusieurs agences des Nations Unies — UNICEF, UNIFEM, INSTRAW, FNUAP — se spécialisant dans les programmes de développement pour les femmes. Elle est actuellement l'Ambassadrice pour les questions portant sur les Femmes, les Enfants et les Adolescents au Ministère des Affaires Etrangères de la République Dominicaine. Entre 1981 et 2005, Chiqui Vicioso a publié 19 livres, y compris, cinq volumes de poésie; cinq pièces de théâtre; et six essais sur les femmes écrivains, la littérature et l'enseignement — notamment *Algo que decir* (1992). Elle a également rédigé la biographie poétique séminale et révélatrice de Julia de Burgos, poète national de Porto Rico, et de Salomé Ureña et de Aída Cartagena Portalatín, deux voix poétiques essentielles de la République Dominicaine; et la biographie d'une guérilla urbaine de femmes boliviennes. Les prix et les distinctions remportés comprennent l'Anacaona de Oro de littérature, le Prix du Théâtre National de la République Dominicaine, et le Prix Casandra de la meilleure production théâtrale. *Éva/Sion/s* est le premier ouvrage de cet auteur caribéen qui est publié simultanément en trois langues.